AF221737

Impressum
Verlag: BABADADA GmbH, Nedderfeld 112 , 22529 Hamburg
Geschäftsführer / Verlagsleitung: Harald Hof
Druck: Books on Demand GmbH, In de Tarpen 42, 22848 Norderstedt

Imprint
Publisher: BABADADA GmbH, Nedderfeld 112 , 22529 Hamburg, Germany
Managing Director / Publishing direction: Harald Hof
Print: Books on Demand GmbH, In de Tarpen 42, 22848 Norderstedt, Germany

школа

sekolahan

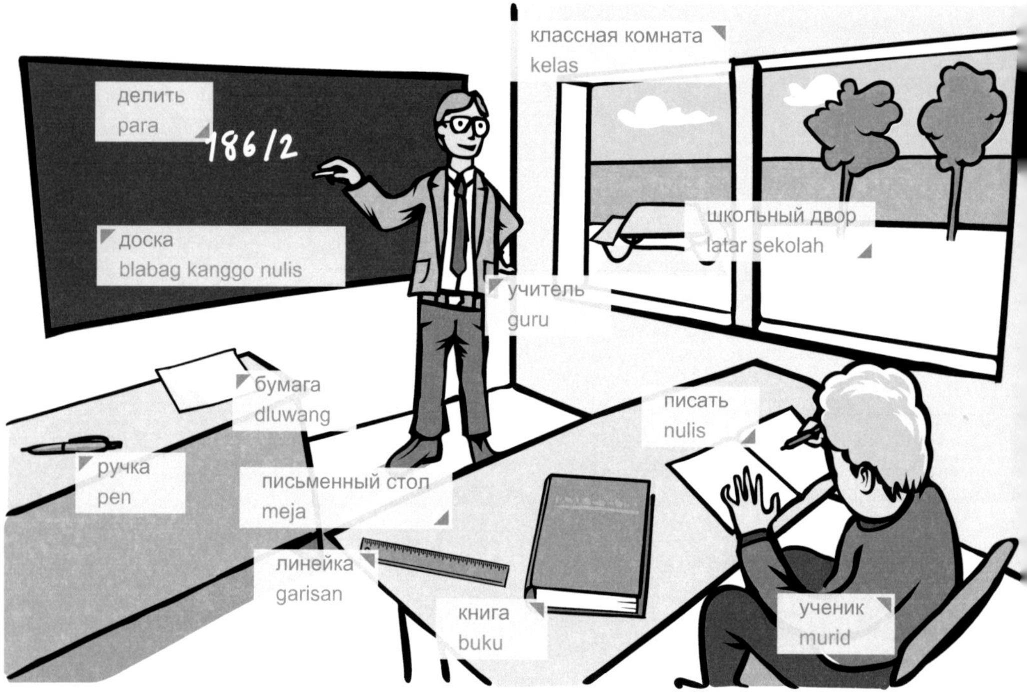

классная комната
kelas
делить
para
186/2
доска
blabag kanggo nulis
школьный двор
latar sekolah
учитель
guru
бумага
dluwang
писать
nulis
ручка
pen
письменный стол
meja
линейка
garisan
книга
buku
ученик
murid

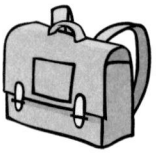

ранец

tas sekolah

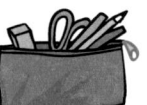

пенал

tepak potlot

карандаш

potlot

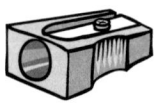

точилка

orotan potlot

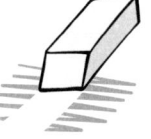

ластик

setip

альбом для рисования

lemek nggambar

рисунок

gambar

кисточка

kuwas

коробка красок

tepak cat nggambar

ножницы

gunting

клей

lem

тетрадь

buku latihan soal

домашняя работа

pakaryan omah

цифра

angka

прибавлять

tambah

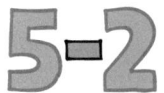

вычитать

suda

умножать

ping

считать

itung

буква

aksara

алфавит

abjad

слово

tembung

текст

teks

читать

maca

мел

kapur

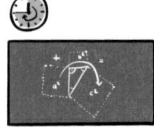

урок

wulangan

классный журнал

dhaptar

экзамен

ujian

диплом

sertipikat

школьная форма

sragam sekolah

образование

pendhidhikan

энциклопедия

ensiklopedia

университет

universitas

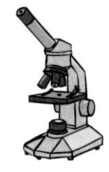

микроскоп

mikroskop

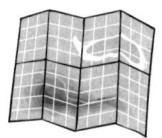

карта

peta

корзина для бумаг

kranjang larahan

путешествие
perjalanan

гостиница
hotel
Grand
турбаза
hostel
ROOMS
CHANGE
обмена валюты
pertukaran duit mancanegara
чемодан
koper
автомобиль
mobil

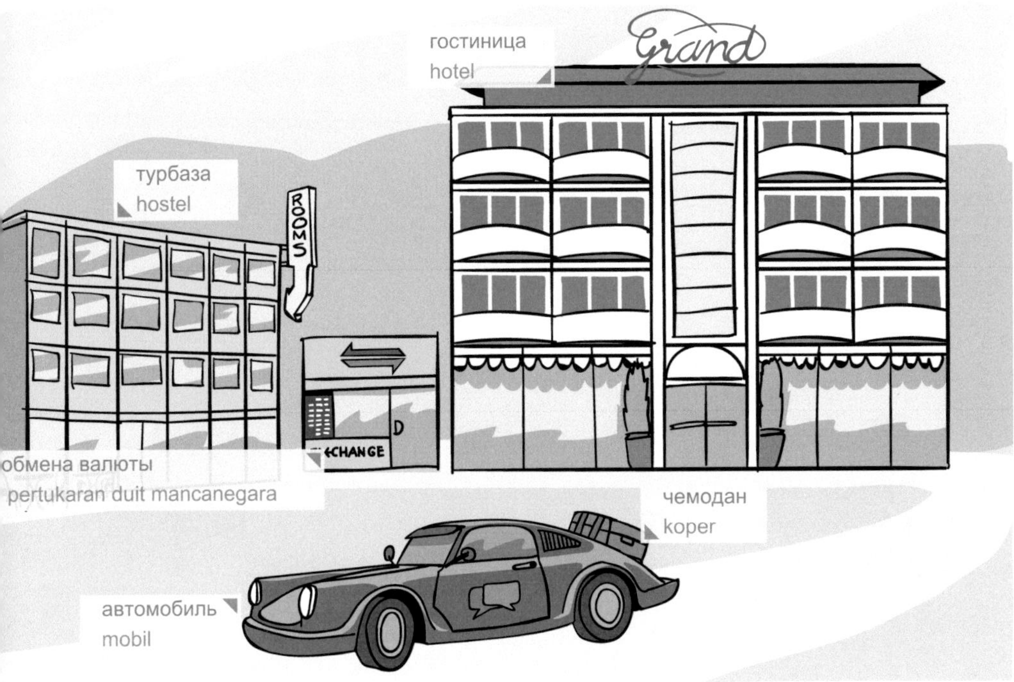

язык

basa

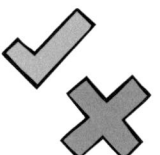

да / нет

iya / ora

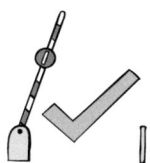

хорошо

oke

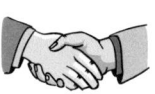

Привет

halo

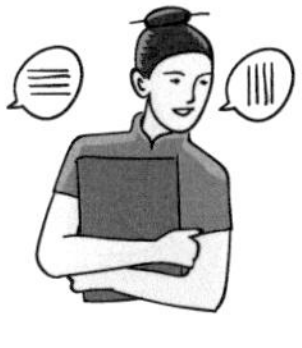

переводчик

juru basa

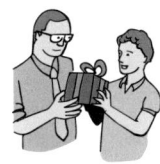

Спасибо

matur nuwun

Сколько стоит...?

Piro regane ...?

Я не понимаю

aku ora ngerti

проблема

masalah

Добрый вечер!

Sugeng dalu!

Доброе утро!

Sugeng enjang

Доброй ночи!

Sugeng dalu!

До свидания

pareng

направление

arah

багаж

koper

сумка

tas

рюкзак

ransel

гость

tamu

комната

kamar

спальный мешок

kantong turu

палатка

tenda

туристическая
информация
informasi turis

пляж

pantai

кредитная карточка

kertu kredit

завтрак

sarapan

обед

mangan awan

ужин

mangan ing wayah bengi

билет

tiket

лифт

lift

почтовая марка

perangko

граница

watesan

таможня

cukai

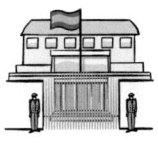

посольство

kedutaan

виза

visa

паспорт

paspor

транспорт
angkutan

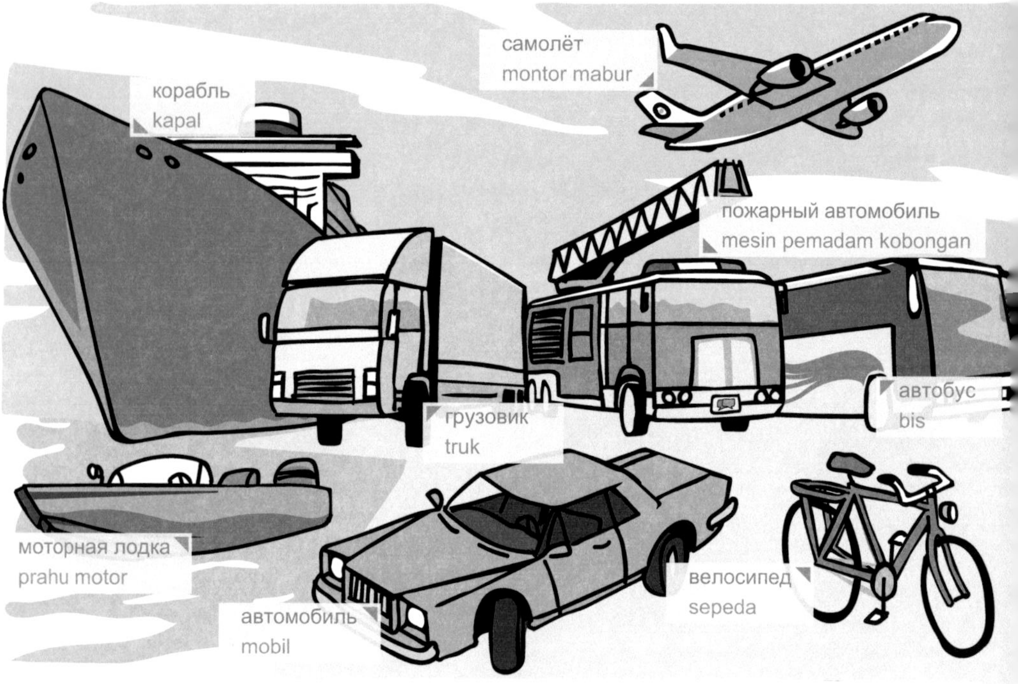

самолёт
montor mabur

корабль
kapal

пожарный автомобиль
mesin pemadam kobongan

автобус
bis

грузовик
truk

моторная лодка
prahu motor

велосипед
sepeda

автомобиль
mobil

паром

feri

лодка

perahu

мотоцикл

sepeda motor

полицейский автомобиль

mobil polisi

гоночный автомобиль

mobil balapan

арендованный
автомобиль
mobil sewa

совместное пользование
автомобилями

sewa mobil

буксировочный
автомобиль
truk derek

мусоровоз

truk resek

двигатель

motor

топливо

bensin

заправка

pom bensin

дорожный знак

tanda dalan

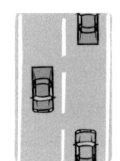

движение

lalu lintas

пробка

macet

автостоянка

parkir mobil

вокзал

stasiun sepur

рельсы

ril sepur

поезд

sepur

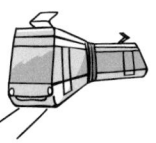

трамвай

tram

вагон

grobak

вертолёт

helikopter

аэропорт

lapangan montor mabur

вышка

menara

пассажир

penumpang

контейнер

kontener

коробка

kerdhus

тележка

troli

корзина

kranjang

взлетать / приземляться

mabur / ndarat

город

kutha

деревня

desa

центр города

tengah kutha

дом

omah

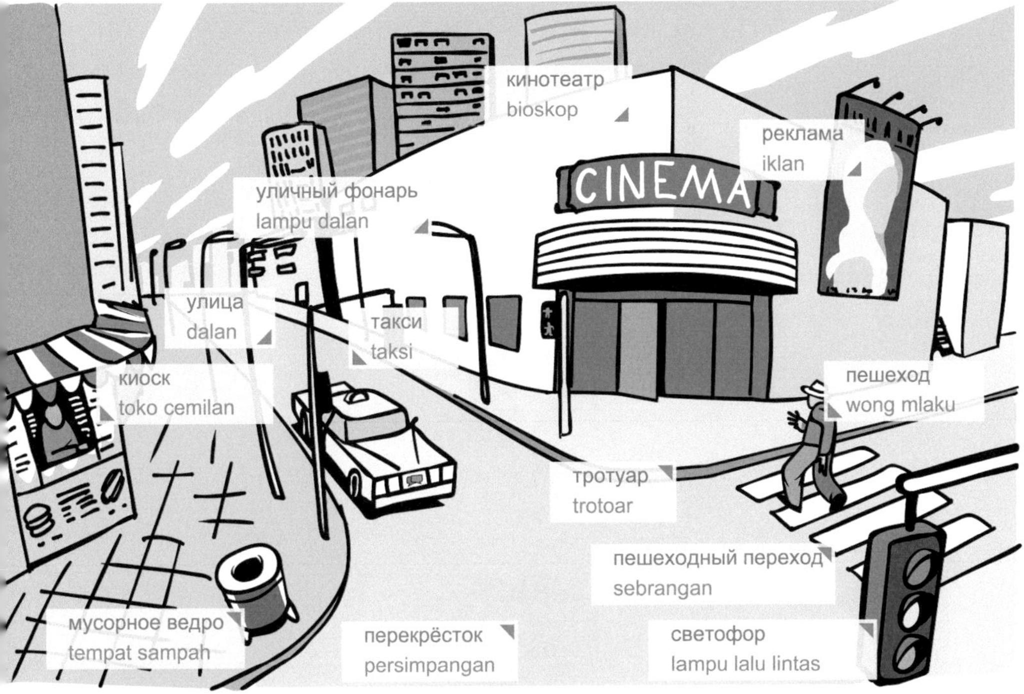

кинотеатр
bioskop

реклама
iklan

улица

уличный фонарь
lampu dalan

такси
taksi

улица
dalan

киоск
toko cemilan

пешеход
wong mlaku

тротуар
trotoar

пешеходный переход
sebrangan

мусорное ведро
tempat sampah

перекрёсток
persimpangan

светофор
lampu lalu lintas

хижина

gubuk

квартира

apartemen

вокзал

stasiun sepur

ратуша

bale kutha

музей

museum

школа

sekolahan

университет

universitas

банк

bank

больница

griya sakit

гостиница

hotel

аптека

apotek

офис

kantor

книжный магазин

toko buku

магазин

toko

цветочный магазин

toko kembang

супермаркет

supermarket

рынок

pasar

универмаг

toko sarwa ana

торговец рыбой

toko iwak

торговый центр

mal

порт

pelabuhan

парк

taman

скамейка

bangku

мост

tretek

лестница

andha

метро

metro

тоннель

trowongan

автобусная остановка

halte bis

бар

bar

ресторан

restoran

почтовый ящик

kotak surat

табличка с названием улицы

pratandha dalan

паркометр

meteran parkir

зоопарк

kebon kewan

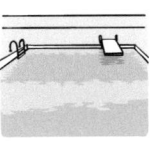

бассейн

kolam renang

мечеть

masjid

ферма

kebon

загрязнение окружающей среды

polusi

кладбище

kuburan

церковь

greja

детская площадка

panggon dolanan

храм

candi

ландшафт
lanskap

лист
godong

дорожный указатель
plang

дорога
dalan

луг
beran

камень
watu

дерево
uwit

путешественник
wong munggah

река
kali

трава
suket

цветок
kembang

долина

lembah

гора

bukit

озеро

tlogo

лес

alas

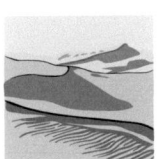

пустыня

ara-ara

вулкан

gunung geni

замок

keraton

радуга

kluwung

гриб

jamur

пальма

uwit palem

комар

lemut

муха

laler

муравей

semut

пчела

tawon

паук

angga-angga

жук

kumbang

лягушка

kodok

белка

bajing

еж

landhak

заяц

truwelu

сова

manuk dares

птица

manut

лебедь

banyak

кабан

celeng

олень

kidang

лось

menjangan

плотина

bendungan

ветряной генератор

turbin angin

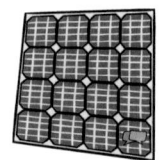

солнечная батарея

panel srengenge

климат

iklim

ресторан
restoran

официант
laden
меню
menu
стул
kursi
суп
sop
пицца
pizza
столовые приборы
alat mangan
скатерть
taplak meja

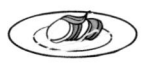

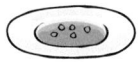

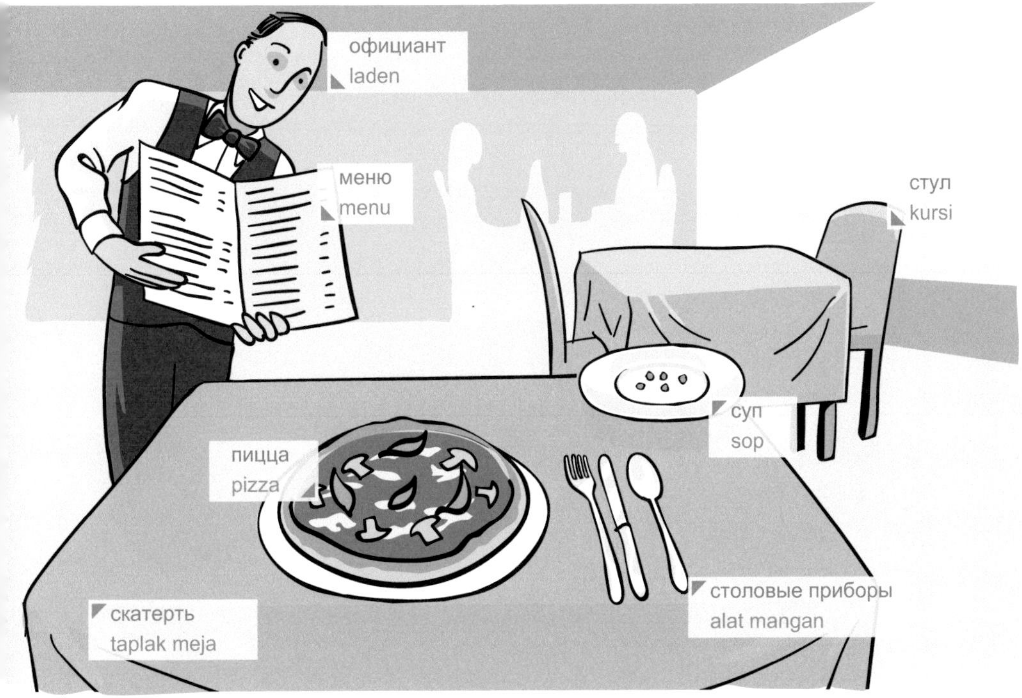

закуска

hidangan pambuka

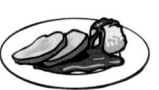

главное блюдо

menu utama

десерт

hidangan penutup

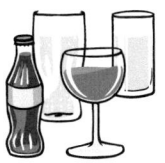

напитки

ombenan

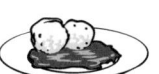

еда

panganan

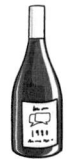

бутылка

gendul

фастфуд

panganan instan

уличная еда

jajan cemilan

чайник

ceret teh

сахарница

kaleng gula

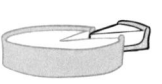

порция

porsi

кофеварка

mesin espresso

детский стульчик

kursi duwur

счет

tagihan

поднос

baki

нож

lading

вилка

sendok garpu

ложка

sendok

чайная ложка

sendok teh

салфетка

serbet

стакан

gelas

тарелка

piring

суповая тарелка

piring sop

блюдце

lepek

соус

duduh

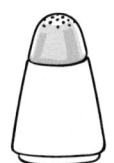

солонка

gendul uyah

мельница для перца

bubuk mrico

уксус

cuka

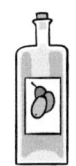

масло

lenga

специи

bumbon

кетчуп

saos tomat

горчица

mustar

майонез

mayones

супермаркет
supermarket

специальное предложение
tawaran khusus
FOR
покупатель
langganan
молочные продукты
produk saka susu
фрукты
woh-wohan
тележка для покупок
troli

BUTCHERS

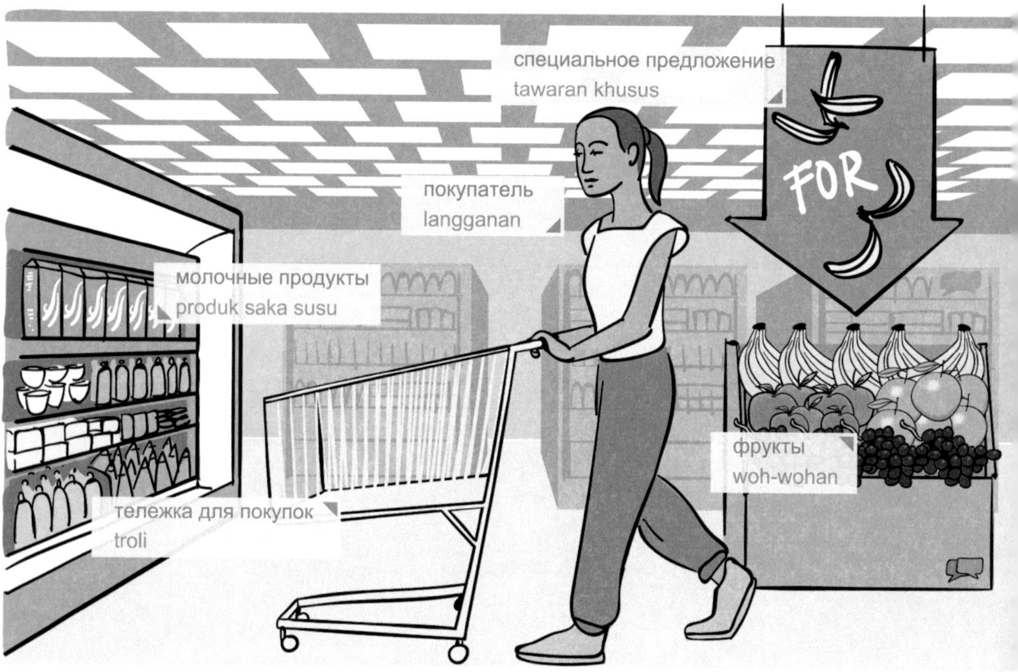

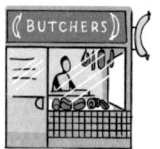

мясной магазин

toko daging

BAKERY

пекарня

toko roti

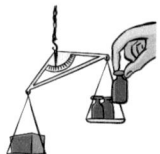

взвешивать

nimbang

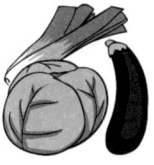

овощи

janganan

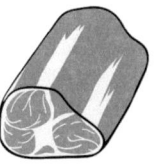

мясо

daging panggang

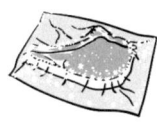

быстрозамороженные продукты

panganan beku

нарезка

irisan daging

консервы

panganan kaleng

стиральный порошок

deterjen

сладости

permen

предмет домашнего обихода

produk reresik omah

моющее средство

produk reresik

продавщица

bakul

касса

mesin kasir

кассир

kasir

список покупок

daftar blanja

время работы

jam buka

бумажник

dompet

кредитная карточка

kertu kredit

сумка

tas

полиэтиленовый пакет

tas kresek

вода

banyu

сок

jus

молоко

susu

кока-кола

ombenan kanthi karbon

вино

anggur

пиво

bir

алкоголь

alkohol

какао

coklat

чай

teh

кофе

kopi

эспрессо

espresso

капучино

cappuccino

банан

gedhang

яблоко

apel

апельсин

jeruk

арбуз

semangka

лимон

jeruk lemon

морковь

wortel

чеснок

bawang

бамбук

pring

лук

bawang

гриб

jamur

орехи

kacang

лапша

bakmi

спагетти

spageti

рис

sego

салат

salad

картофель фри

kentang goreng

жареный картофель

kentang goreng

пицца

pizza

гамбургер

hamburger

сэндвич

roti isi

шницель

daging irisan

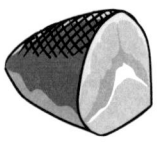

ветчина

daging ham

салями

salami

колбаса

sosis

курица

pitik

жаркое

daging panggang

рыба

iwak

овсяные хлопья

bubur gandum

мюсли

muesli

кукурузные хлопья

sereal jagung

мука

glepung

круассан

croissant

булочка

roti

хлеб

roti

тост

roti panggang

печенье

biskuit

масло

mertega

творог

dadih

пирог

kue

яйцо

endog

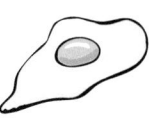

яичница

endog goreng

сыр

keju

мороженое

es krim

сахар

gula

мёд

madu

мармелад

sele

крем с нугой

krim nugat

карри

kare

ферма
kebon

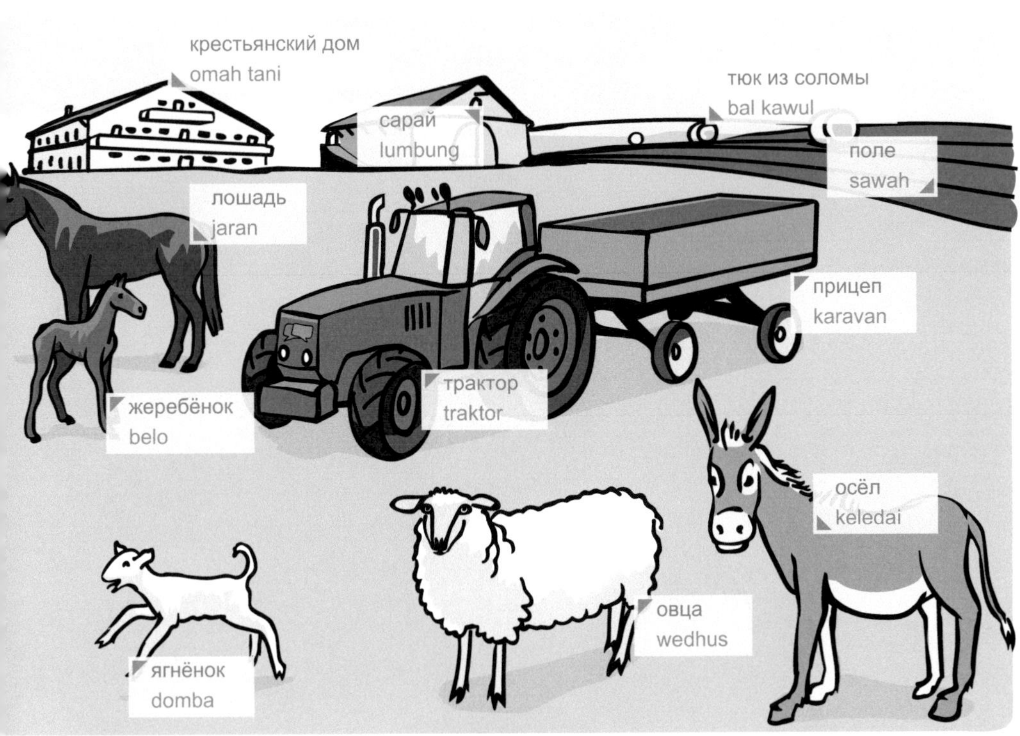
крестьянский дом
omah tani
тюк из соломы
bal kawul
сарай
lumbung
поле
sawah
лошадь
jaran
прицеп
karavan
трактор
traktor
жеребёнок
belo
осёл
keledai
овца
wedhus
ягнёнок
domba

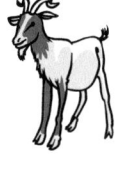

коза

wedhus

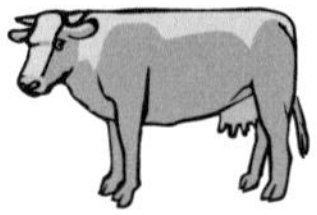

корова

sapi

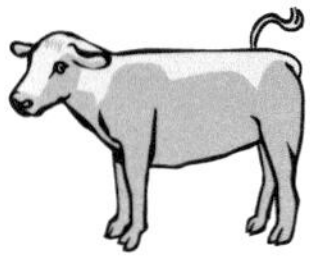

телёнок

pedhet

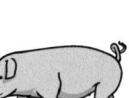

свинья

babi

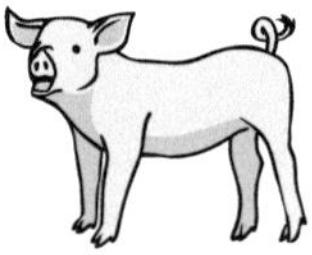

поросёнок

gambluk

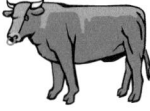

бык

kebo

гусь

banyak

утка

bebek

цыплёнок

kuthuk

курица

babon

петух

jago

крыса

tikus

кошка

kucing

мышь

tikus

вол

sapi

собака

asu

конура

kandang asu

садовый шланг

selang

лейка

gembor

коса

arit gede

плуг

waluku

серп

arit gede

мотыга

pacul

навозные вилы

garu

топор

kapak

тачка

grobak surung

корыто

wadah pakan

бидон для молока

kaleng susu

мешок

karung

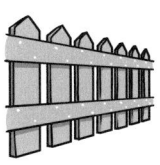

забор

pager

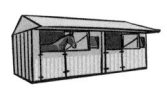

хлев

kandang

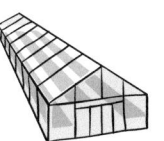

теплица

omah каса

почва

lemah

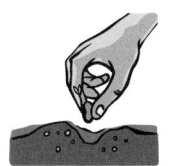

посев

wiji

удобрение

rabuk

комбайн

traktor panen

собирать урожай

manen

урожай

panen

ямс

ubi

пшеница

gandum

соя

kedelai

картофель

kentang

кукуруза

jagung

рапс

lobak

фруктовое дерево

wit woh-wohan

маниок

telo

злаки

sereal

дом

omah

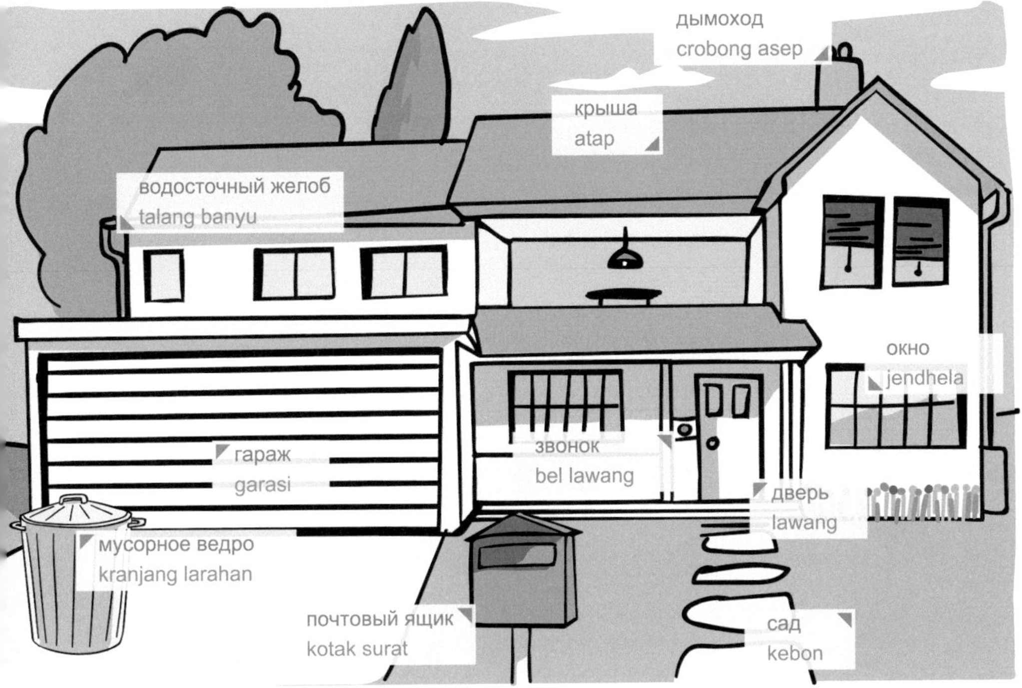

дымоход
crobong asep
крыша
atap
водосточный желоб
talang banyu
окно
jendhela
гараж
garasi
звонок
bel lawang
дверь
lawang
мусорное ведро
kranjang larahan
почтовый ящик
kotak surat
сад
kebon

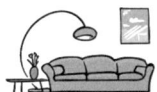

гостиная

ruang tamu

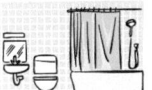

ванная комната

jedhing

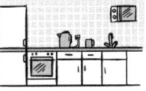

кухня

pawon

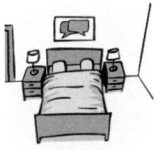

спальня

kamar turu

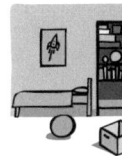

детская комната

kamar anak

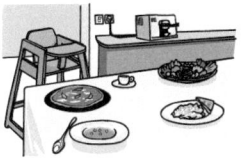

столовая

kamar panedhaan

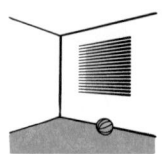

пол

jobin

стена

tembok

потолок

pyan

подвал

gudhang ing njero lemah

сауна

sauna

балкон

balkon

терраса

teras

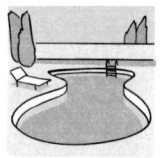

бассейн

blumbang kanggo nglangi

газонокосилка

mesin kanggo motong suket

пододеяльник

lembaran

покрывало

sprei

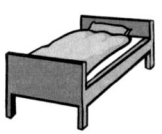

кровать

dipan

метла

sapu

ведро

ember

выключатель

tombol

гостиная
ruang tamu

обои
kertas tembok
рисунок
gambar
лампа
lampu
полка
rak
шкаф
lemari
телевизор
TV
камин
perapian
цветок
kembang
подушка
bantal
диван
sofa
ваза
vas
пульт дистанционного управления
remot kontrol

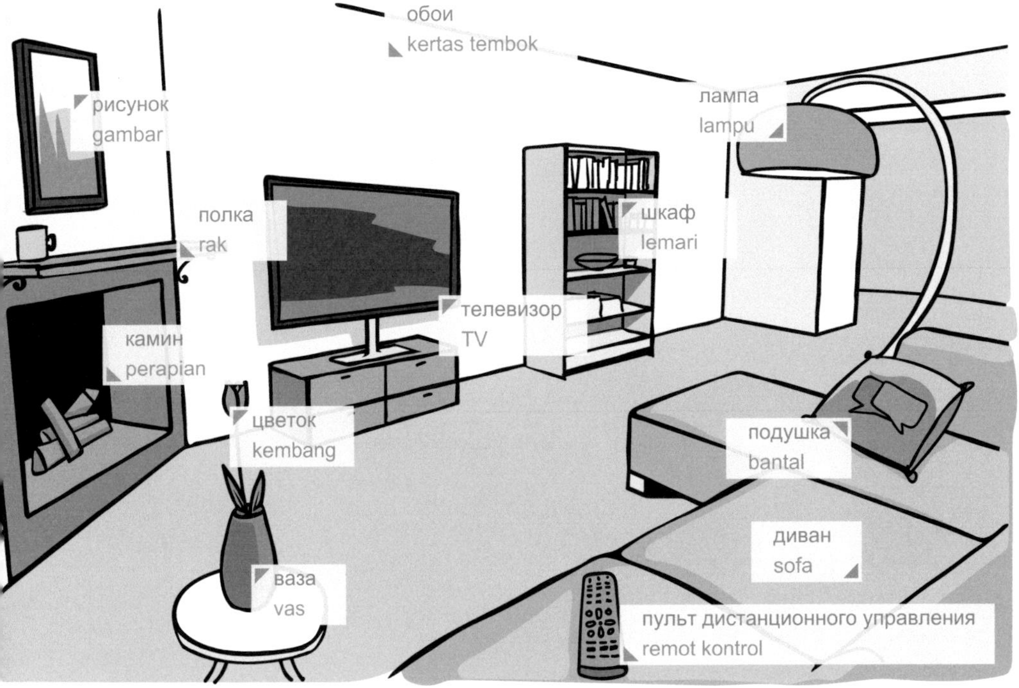

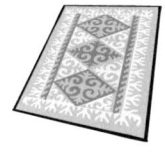

ковёр

karpet

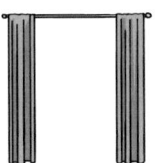

штора

korden

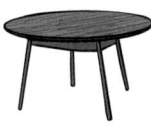

стол

meja

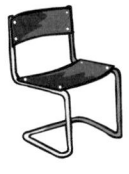

стул

kursi

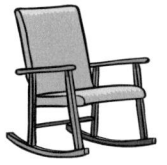

кресло-качалка

kursi goyang

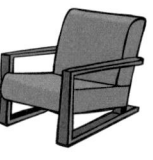

кресло

kursi tangan

книга

buku

покрывало

selimut

украшение

dekorasi

дрова

kayu bakar

фильм

film

стереосистема

hi-fi

ключ

kunci

газета

koran

картина

lukisan

плакат

poster

радио

radio

блокнот

buku catetan

пылесос

penyedot lebut

кактус

kaktus

свеча

lilin

кухня
pawon

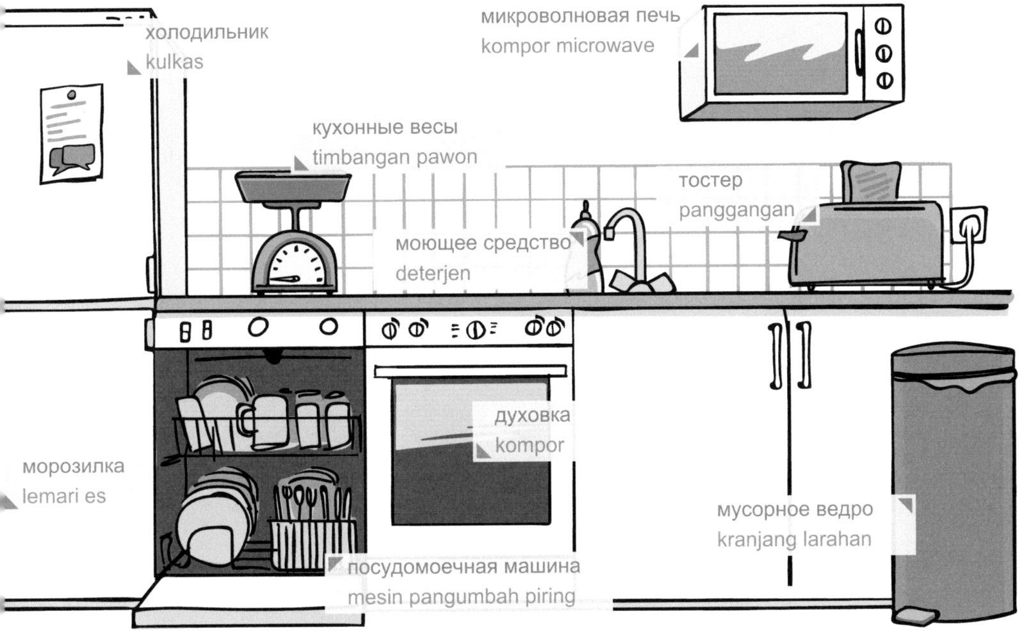

холодильник
kulkas
микроволновая печь
kompor microwave
кухонные весы
timbangan pawon
тостер
panggangan
моющее средство
deterjen
духовка
kompor
морозилка
lemari es
мусорное ведро
kranjang larahan
посудомоечная машина
mesin pangumbah piring

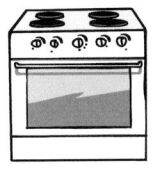

плита

kompor

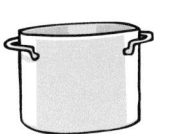

кастрюля

panci

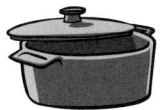

чугунный котелок

panci wesi

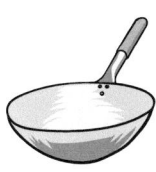

вок / кадай

wajan

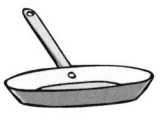

сковорода

wajan

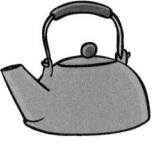

чайник

ceret

пароварка

kukusan

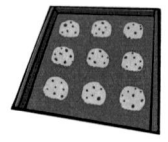

противень

loyang

посуда

pecah belah

кружка

mug

миска

mangkok

палочки для еды

sumpit

половник

irus

лопатка

solet

сбивалка

udeg

сито

ayakan

сито

saringan

тёрка

parutan

ступка

lumpang

гриль

panggangan

костёр

geni

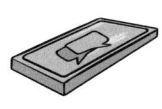

доска

telenan

скалка

gilingan adonan

штопор

kotrek

жестяная банка

kaleng

консервный нож

bukaan kaleng

прихватка

cempal

раковина

wastafel

щетка

sikat

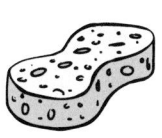

губка

sepon

миксер

blender

морозильная камера

kulkas

бутылочка для кормления

gendul bayi

кран

kran

ванная комната

jedhing

отопление
alat manasi
полотенце
andhuk
душ
pancuran
душевая занавеска
klambu jedhing
пенистая ванна
adhus unthuk
ванна
bak adhus
стакан
gelas
стиральная машина
mesin ngumbah
кран
kran
плитка
tekel
горшок
pispot
раковина
wastafel

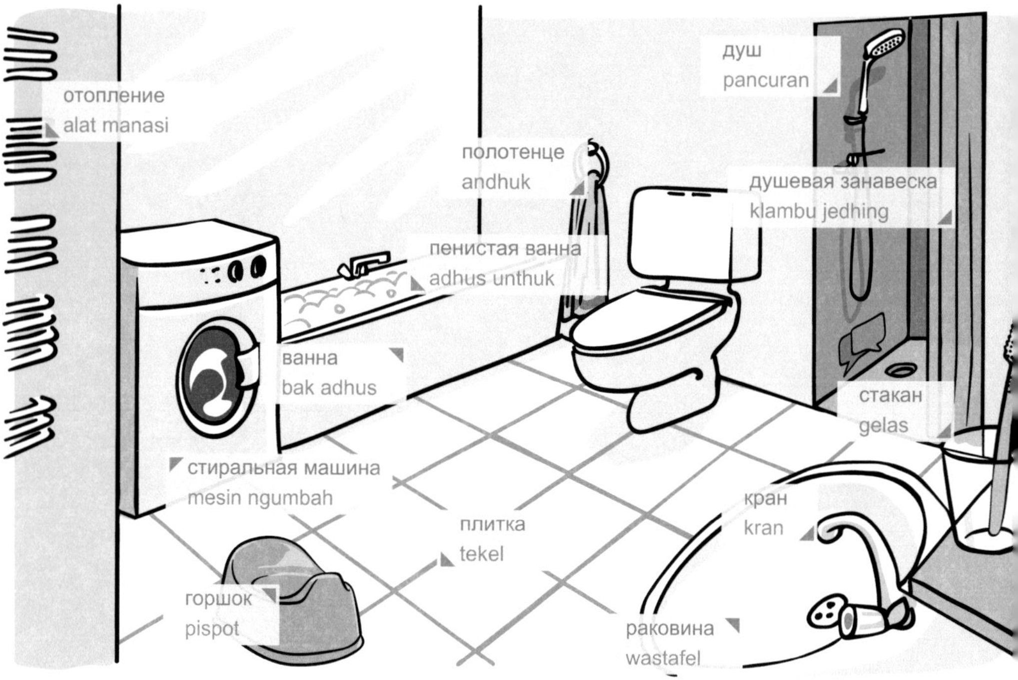

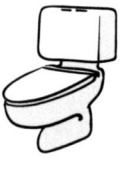

туалет

jamban

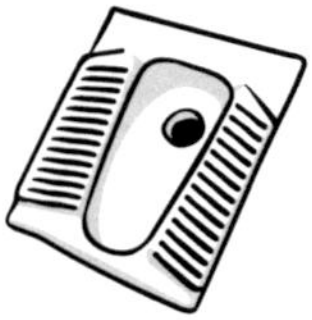

напольный унитаз

jamban dhodhok

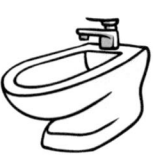

биде

bidet

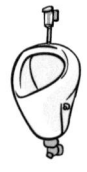

писсуар

pissoir

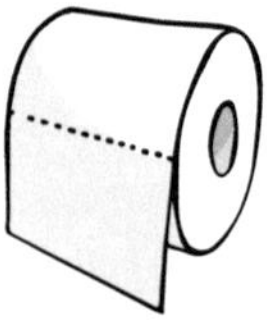

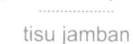

туалетная бумага

tisu jamban

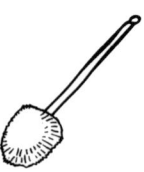

ершик

sikat jamban

зубная щётка

sikat untu

зубная паста

odol

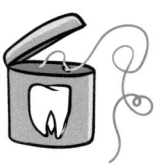

зубная нить

bolah untu

мыть

ngumbahi

ручной душ

gagang shower

интимный душ

pancuran

таз

baskom

щётка для спины

sikat geger

мыло

sabun

гель для душа

gel pancuran

шампунь

sampo

мочалка

hem

сток

nguras

крем

krim

дезодорант

deodoran

зеркало

pangilon

ручное зеркало

koco tangan

бритва

silet

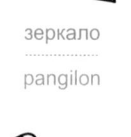

пена для бритья

umpluk cukur

лосьон после бритья

aftershave

расческа

jungkat

щетка

sikat untu

фен

hairdryer

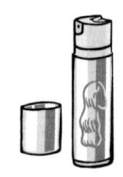

лак для волос

hairspray

косметика

dandanan

губная помада

gincu

лак для ногтей

kuteks

вата

kapas

маникюрные ножницы

gunting kuku

духи

parfum

косметичка

kantong adhus

табуретка

dingklik

весы

timbangan

халат

bah kanggo sawise adhus

резиновые перчатки

sarung karet

тампон

tampon

игиеническая прокладка

pembalut

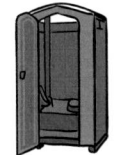

биотуалет

jamban nganggo bahan kimia

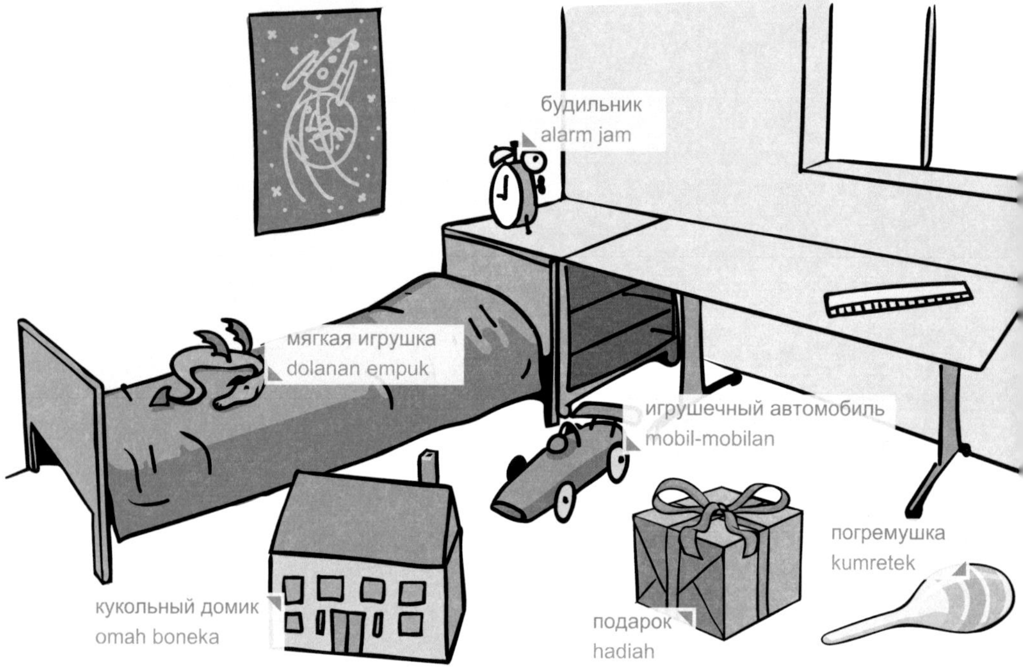

будильник
alarm jam
мягкая игрушка
dolanan empuk
игрушечный автомобиль
mobil-mobilan
погремушка
kumretek
кукольный домик
omah boneka
подарок
hadiah

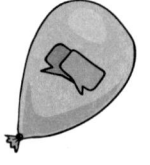

воздушный шар

balon

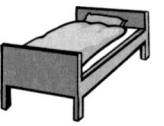

кровать

dipan

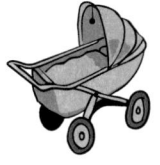

детская коляска

kreto bayi

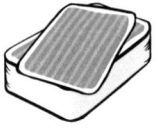

карточная игра

meja kertu

пазл

teka-teki

SUPER
MEGA

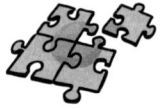

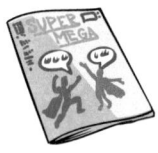

комикс

komik

кирпичики Лего

bata lego

кубики

balok dolanan

игрушечная фигурка

boneka aksi

ползунки

klambi bayi

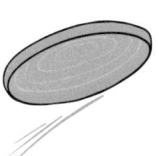

фрисби

frisbee

мобиле

dolanan gantungan

настольная игра

dolanan meja

кубик

dadu

модель железной дороги

sepur dolanan

соска

dot

вечеринка

pesta

книга с картинками

buku gambar

мяч

bal

кукла

boneka

играть

dolanan

песочница

panggon dolanan pasir

качели

ayunan

игрушка

dolanan

игровая приставка

konsol video game

трёхколесный велосипед

sepeda roda telu

плюшевый медвежонок

beruang teddy

шкаф для одежды

lemari sandhangan

одежда

klambi

носки

kaos kaki

чулки

stoking

колготки

kathok singset

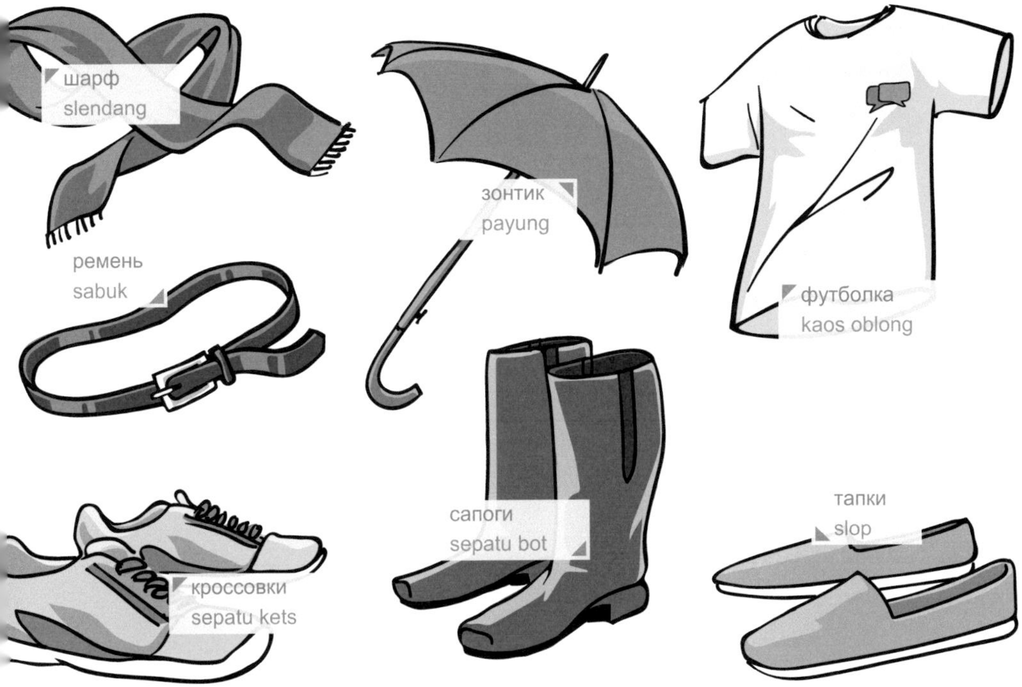

шарф
slendang

зонтик
payung

футболка
kaos oblong

ремень
sabuk

сапоги
sepatu bot

тапки
slop

кроссовки
sepatu kets

сандалии

sandal

ботинки

sepatu

резиновые сапоги

sepatu bot karet

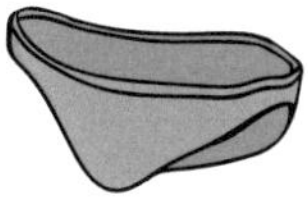

трусы

sempak

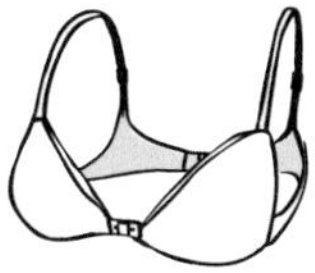

бюстгальтер

kutang

майка

rompi

боди

awak

брюки

kathok

джинсы

kathok jins

юбка

rok

блузка

blus

рубашка

klambi

свитер

jaket nganggo kudung

свитер

sweter

спортивная куртка

blezer

жакет

jaket

пальто

mantel

плащ

jas udan

костюм

kostum

платье

gaun

свадебное платье

gaun manten

мужской костюм

setelan

ночная сорочка

klambi kanggo turu

пижама

piyama

сари

kain sari

платок

kudung

тюрбан

serban

паранджа

cadar

кафтан

kaftan

абайя

abaya

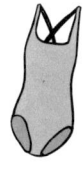

купальник

klambi kanggo nglangi

плавки

kathok renang

шорты

kathok cekak

спортивный костюм

klambi trening

фартук

celemek

перчатки

sarung tangan

пуговица

benik

очки

kacamata

браслет

gelang

цепочка

kalung

кольцо

ali-ali

серьга

anting-anting

шапка

peci

вешалка

gantungan mantel

шляпа

topi

галстук

dasi

застежка молния

slerekan

шлем

helem

подтяжки

bretel

школьная форма

sragam sekolah

форма

sragam

детский нагрудник

oto

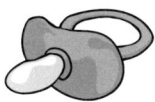

соска

dot

подгузник

popok

офис

kantor

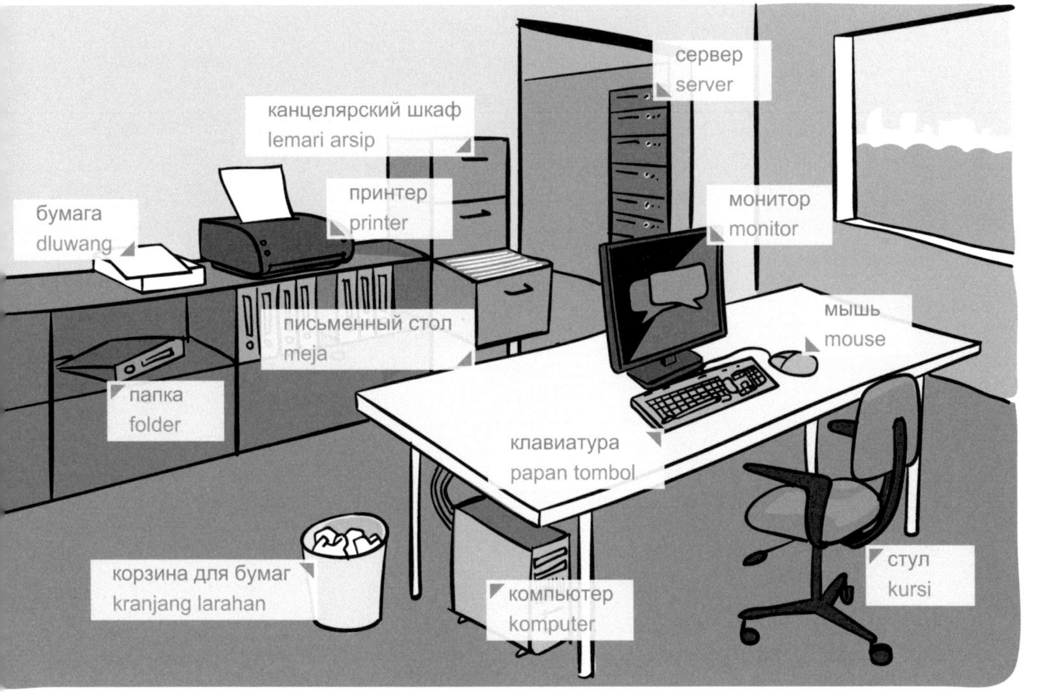

сервер
server

канцелярский шкаф
lemari arsip

принтер
printer

монитор
monitor

бумага
dluwang

мышь
mouse

письменный стол
meja

папка
folder

клавиатура
papan tombol

корзина для бумаг
kranjang larahan

стул
kursi

компьютер
komputer

кофейная кружка

cangkir kopi

калькулятор

kalkulator

интернет

internet

ноутбук

laptop

письмо

surat

сообщение

pesen

мобильный телефон

HP

сеть

jaringan

ксерокс

mesin fotokopi

программа

software

телефон

telpon

розетка

colokan

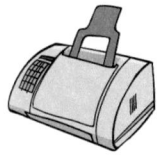

факс

mesin faksimili

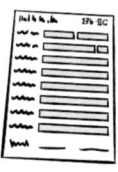

формуляр

blangko

документ

dokumen

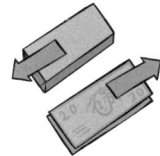

покупать

tuku

платить

mbayar

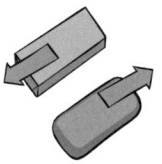

торговать

bebakulan

деньги

duit

доллар

dolar

евро

euro

 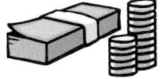

иена

yen

рубль

rubel

 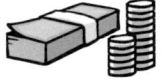

франк

franc Swiss

жэньминьби юань

yuan renminbi

рупия

rupe

банкомат

cash point

пункт обмена валюты

kantor pertukaran duit mancanegara

золото

emas

серебро

perak

нефть

minyak

энергия

energi

цена

rego

договор

kontrak

налог

pajek

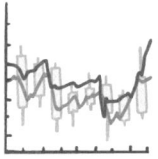

акция

saham

работать

kerjo

служащий

pegawe

работодатель

juragan

фабрика

pabrik

магазин

toko

профессии
gawean

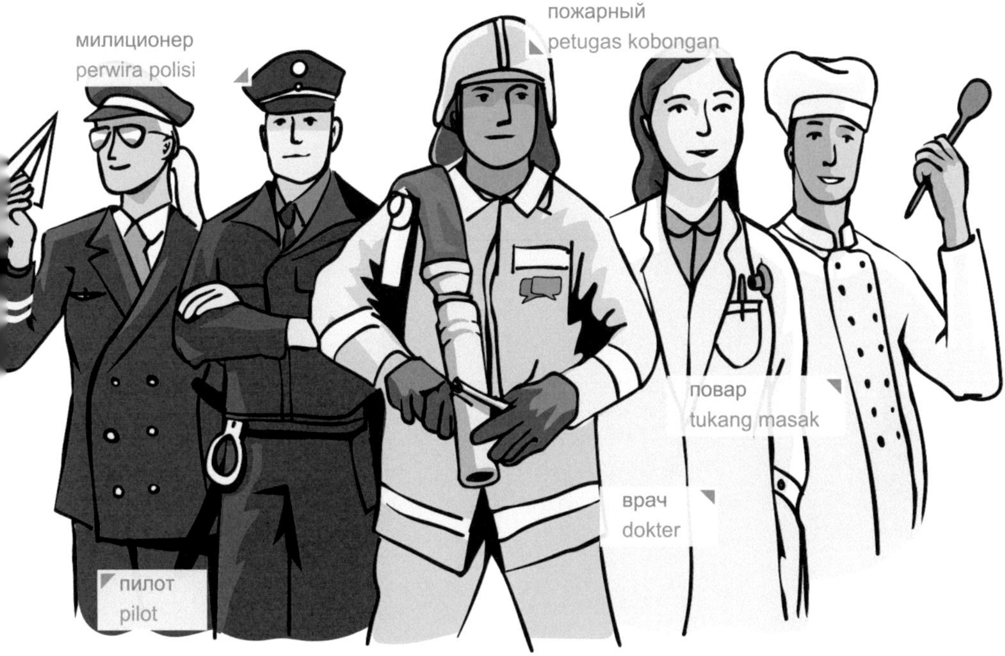

милиционер
perwira polisi
пожарный
petugas kobongan
повар
tukang masak
врач
dokter
пилот
pilot

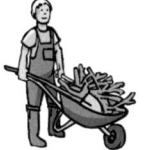

садовник

tukang kebon

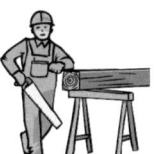

столяр

tukang kayu

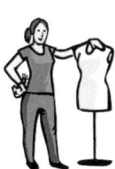

швея

tukang jahit

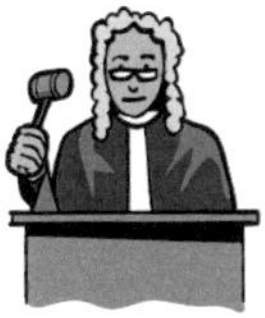

судья

hakim

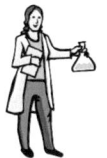

химик

ahli kimia

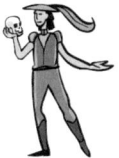

актёр

aktor

водитель автобуса

sopir bis

таксист

sopir taksi

рыбак

nelayan

уборщица

tukang reresik

кровельщик

tukang pasang gendheng

официант

laden

охотник

pamburu

художник

pelukis

пекарь

tukang roti

электрик

tukang listrik

строитель

tukang mbangun

инженер

insinyur

мясник

jagal

сантехник

tukang ledeng

почтальон

tukang pos

солдат

tentara

архитектор

arsitek

кассир

kasir

флорист

bakul kembang

парикмахер

juru rambut

кондуктор

kondektur

механик

mekanik

капитан

kapten

зубной врач

dokter untu

ученый

ilmuwan

раввин

rabbi

имам

imam

монах

biksu

священник

pandhita

инструменты

alat

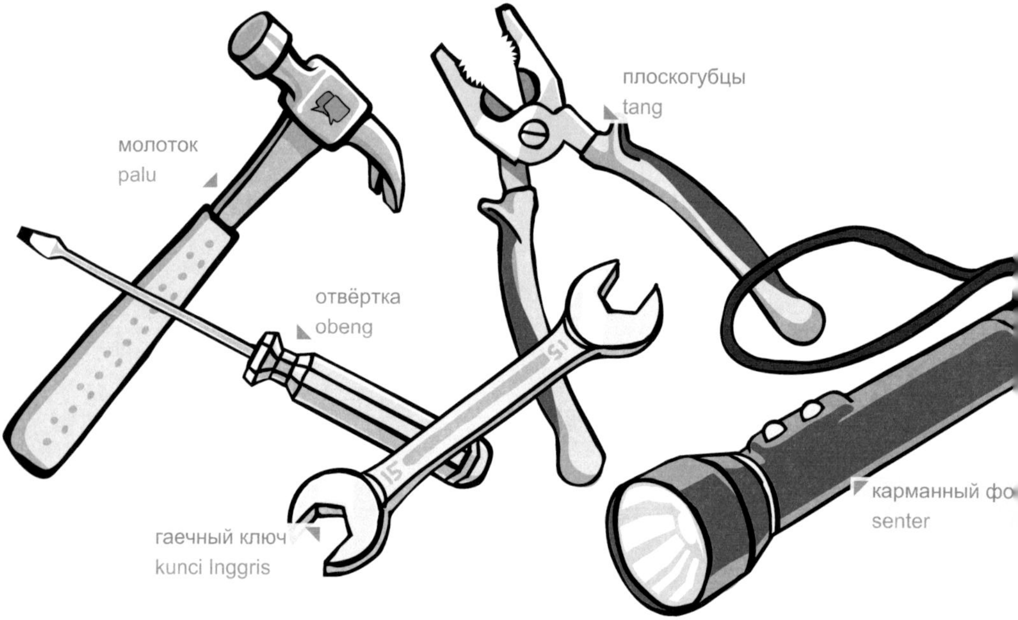
молоток
palu
плоскогубцы
tang
отвёртка
obeng
гаечный ключ
kunci Inggris
карманный фо
senter

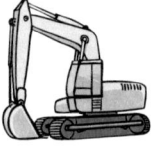

экскаватор

mesin kerukan

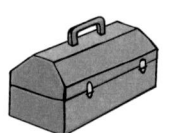

ящик для инструментов

wadah perkakas

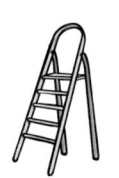

стремянка

andha

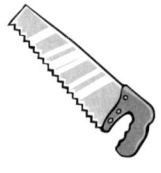

пила

graji

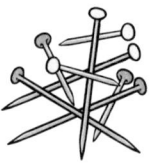

гвозди

paku

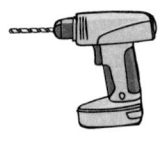

дрель

bur

ремонтировать

ndandani

лопата

sekop

Блин!

Bajigur!

совок

serok

ведро с краской

kaleng cat

винты

sekrup

музыкальные инструменты
alat musik

громкоговоритель
speker

ударный инструмент
sak set tambur

гитара
gitar

контрабас
bass dobel

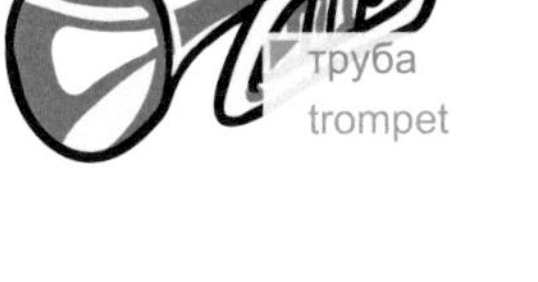

труба
trompet

пианино

piano

скрипка

biola

бас-гитара

bass

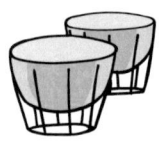

литавры

timpani

барабан

tambur

синтезатор

keyboard

саксофон

saksofon

флейта

suling

микрофон

mikropon

зоопарк

kebon kewan

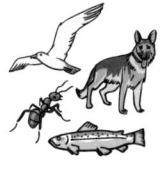

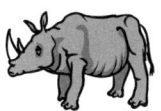

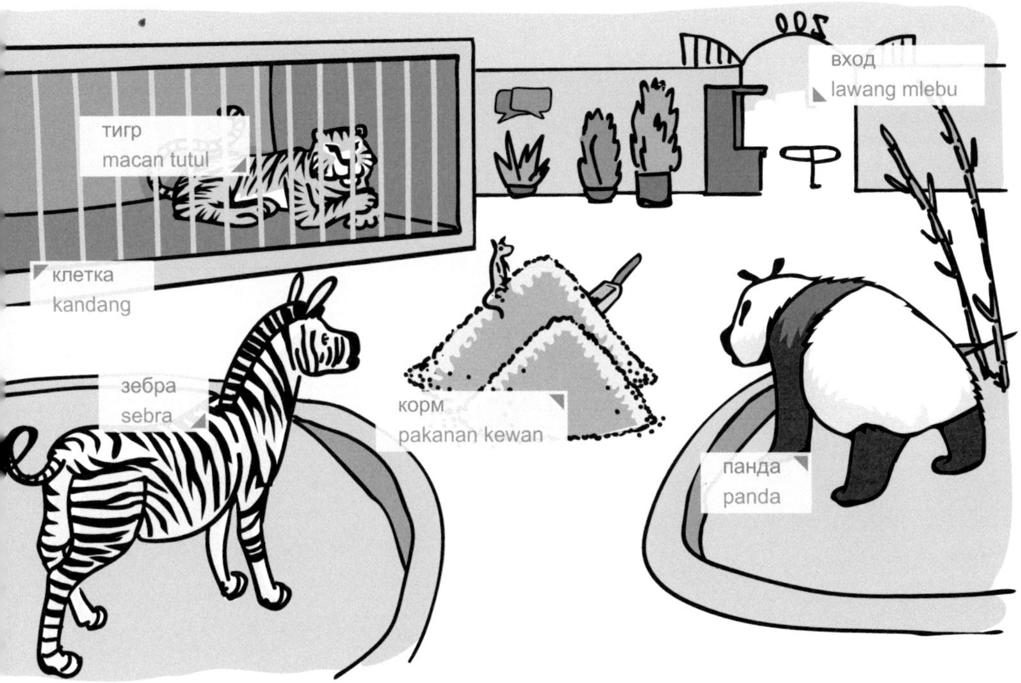

тигр
macan tutul
вход
lawang mlebu
клетка
kandang
зебра
sebra
корм
pakanan kewan
панда
panda

животные

kewan

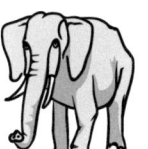

слон

gajah

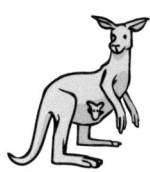

кенгуру

kanguru

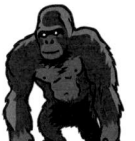

носорог

badak

горилла

gorila

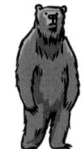

медведь

beruang

верблюд

unta

страус

manuk unta

лев *

singa

обезьяна

kethek

фламинго

flamingo

попугай

bethet

белый медведь

beruang kutub

пингвин

pinguin

акула

hiu

павлин

merak

змея

ula

крокодил

baya

служитель зоопарка

juru kunci kebon kewan

тюлень

singa segara

ягуар

jaguar

пони

jaran poni

леопард

macan tutul

бегемот

kuda nil

жираф

jrapah

орёл

garudha

кабан

celeng

рыба

iwak

черепаха

bulus

морж

walrus

лиса

rubah

газель

kidang

американский футбол
bal-balan Amerika

езда на велосипеде
sepedahan

теннис
tenis

баскетбол
basket

плавание
nglangi

бокс
tinju

хоккей
hoki es

футбол
bal-balan

бадминтон
badminton

лёгкая атлетика
atletik

гандбол
bal tangan

лыжный спорт
ski

поло
polo

прыгать
mencolot

обнимать
ngrangkul

смеяться
ngguyu

идти
mlaku

петь
nembang

молиться
ndonga

целовать
ngambung

мечтать
ngimpi

писать
nulis

рисовать
nggambar

показывать
nuduhake

нажимать
mencet

давать
menehi

брать
njupuk

иметь

duweni

делать

nindakake

быть

yaiku

стоять

ngadek

бежать

mlayu

тянуть

narik

бросать

nguncalake

падать

tiba

лежать

ngapusi

ждать

ngenteni

носить

nggawa

сидеть

lungguh

надевать

klamben

спать

turu

просыпаться

tangi

рассматривать

ndheleng

плакать

nangis

гладить

ngelus

причесывать

njungkati

говорить

ngomong

понимать

mangerteni

спрашивать

takon

слушать

ngrungoake

пить

ngombe

кушать

mangan

наводить порядок

ngrapiake

любить

nrisnani

готовить

masak

ехать

nyopir

летать

mabur

действия - kegiatan

ходить под парусом

nglayar

считать

itung

читать

maca

учиться

sinau

работать

kerjo

вступать в брак

ngrabi

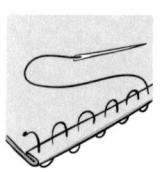

шить

njahit

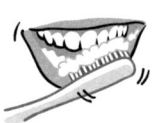

чистить зубы

nyikat untu

убивать

mateni

курить

ngrokok

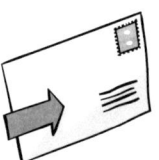

отправлять

ngirim

семья
keluarga

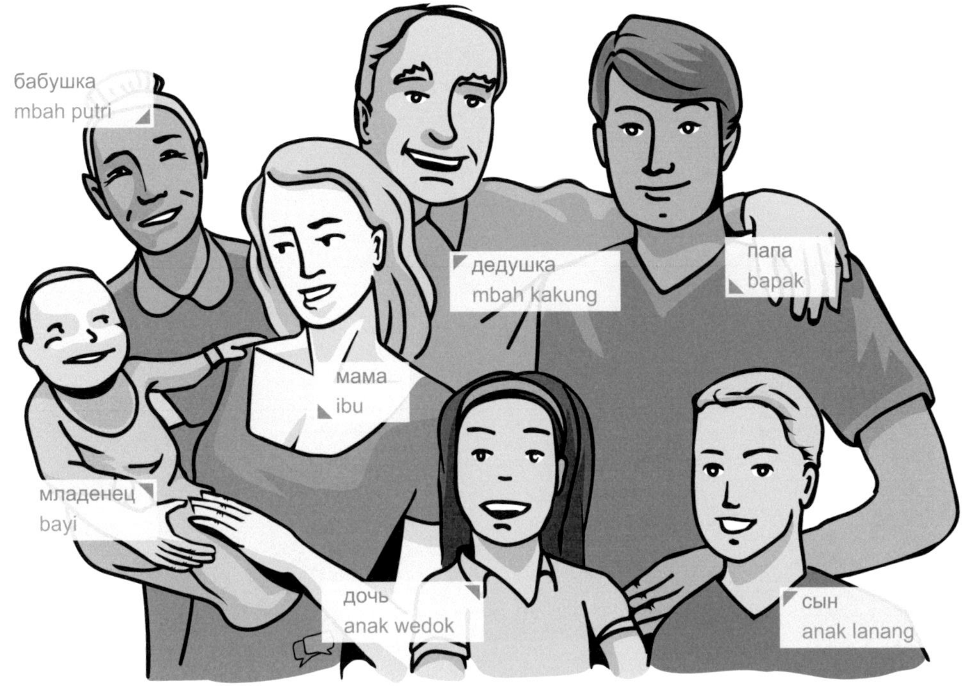
бабушка
mbah putri
дедушка
mbah kakung
папа
bapak
мама
ibu
младенец
bayi
дочь
anak wedok
сын
anak lanang

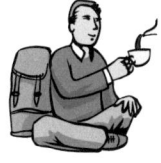

гость

tamu

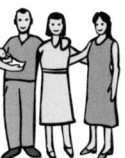

тетя

bu lik

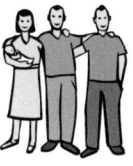

дядя

pak lik

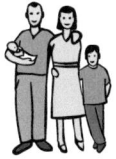

брат

dulur lanang

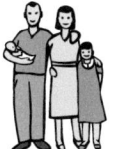

сестра

dulur wadon

тело

awak

лоб
bathuk
глаз
mripat
плечо
pundhak
палец
driji
лицо
pasuryan
подбородок
janggut
кисть
tangan
грудь
payudara
нога
sikil
рука
lengen

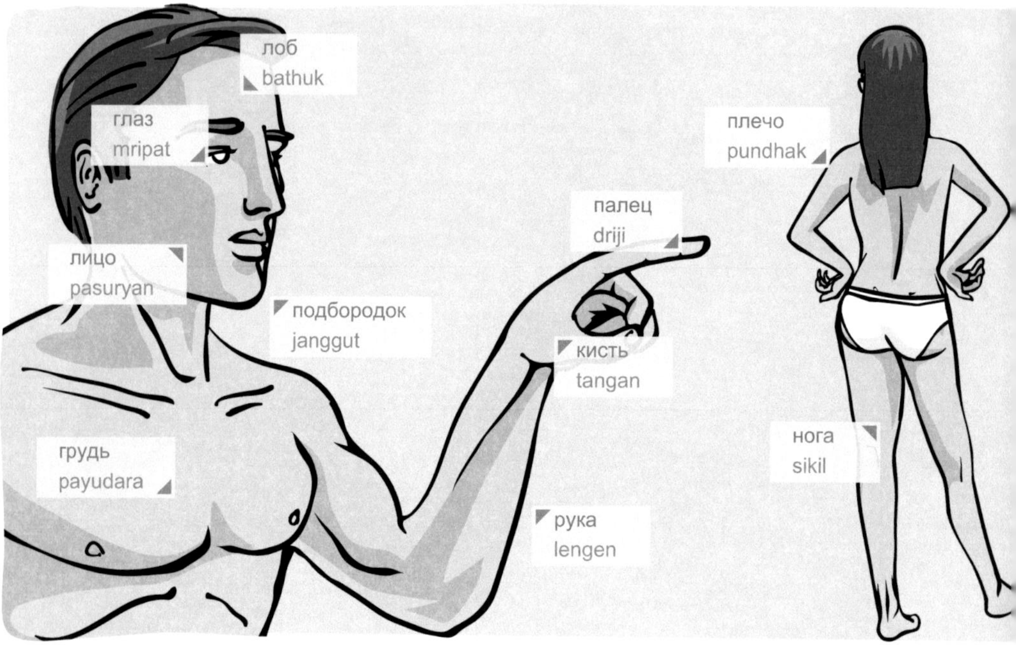

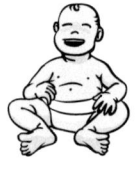

младенец

bayi

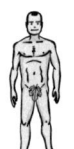

мужчина

lanang

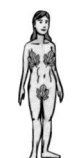

женщина

wadon

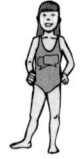

девочка

bocah wadon

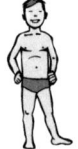

мальчик

bocah lanang

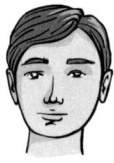

голова

sirah

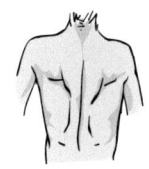

спина

geger

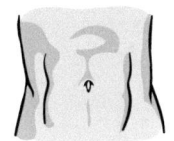

живот

weteng

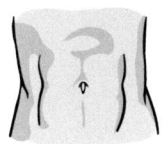

пупок

puser

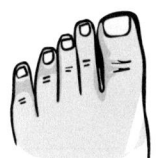

палец ноги

driji sikil

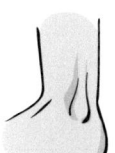

пятка

tungkak

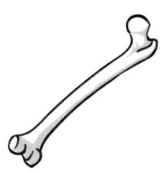

кость

balung

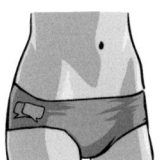

бедро

panggul

колено

dengkul

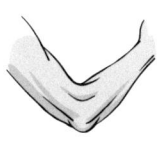

локоть

sikut

нос

irung

ягодицы

bokong

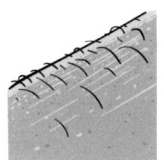

кожа

kulit

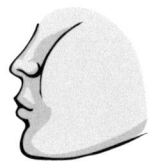

щека

pipi

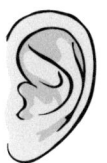

ухо

kuping

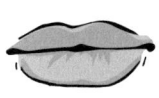

губа

lambe

тело - awak

69

рот

lisan

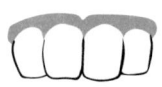

зуб

untu

язык

ilat

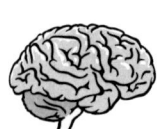

мозг

uteg

сердце

jantung

мышца

otot

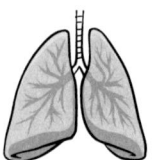

лёгкое

paru

печень

ati

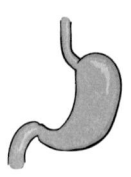

желудок

garba

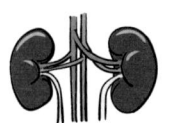

почки

ginjel

половой акт

sanggama

презерватив

kondom

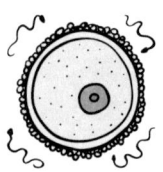

яйцеклетка

ovum

сперма

mani

беременность

mbobot

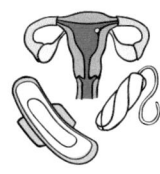

менструация

haid

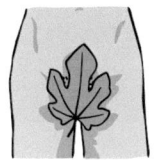

вагина

vagina

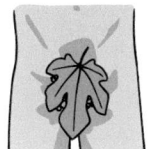

пенис

zakar

бровь

alis

волосы

rambut

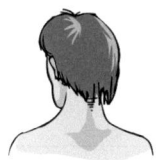

шея

gulu

больница
griya sakit

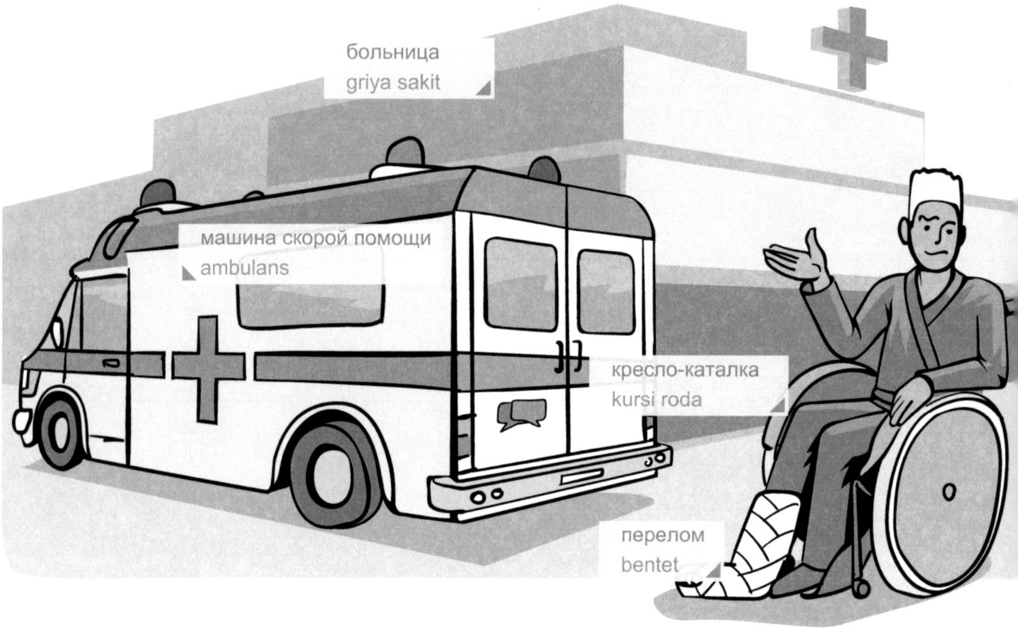

больница
griya sakit
машина скорой помощи
ambulans
кресло-каталка
kursi roda
перелом
bentet

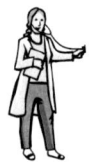

врач
dokter

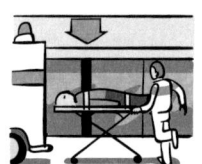

пункт первой помощи
kamar gawat darurat

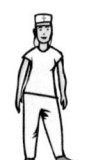

медсестра
perawat

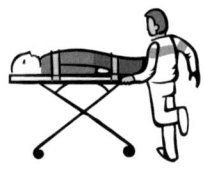

неотложный случай
dharurat

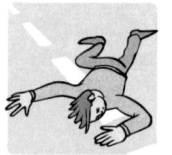

без сознания
ora sadar

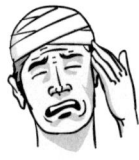

боль
linu

повреждение

tatu

кровотечение

getihen

инфаркт

serangan jantung

инсульт

setruk

аллергия

alergi

кашель

watuk

повышенная температура

ngelu

грипп

pilek

понос

diare

головная боль

mumet

рак

kanker

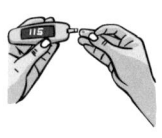

диабет

diabetes

хирург

ahli bedah

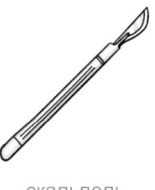

скальпель

lading bedah

операция

operasi

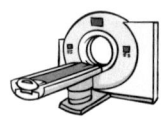

КТ

CT

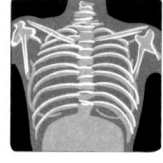

рентген

sinar x

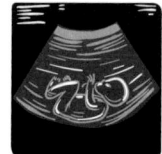

ультразвук

USG

маска

masker

болезнь

penyakit

приёмная

kamar nunggu

костыль

pitulung

пластырь

perban

бинт

perban

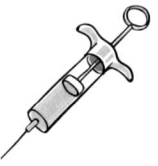

укол

suntik

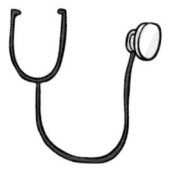

стетоскоп

stetoskop

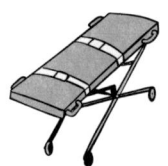

носилки

tandu

термометр

termometer klinik

рождение

lair

избыточный вес

kalemon

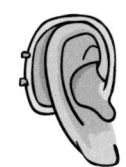

слуховой аппарат

alat bantu dengar

дезинфекционное
средство
disinfektan

инфекция

infeksi

вирус

virus

ВИЧ / СПИД

HIV/AIDS

лекарство

obat

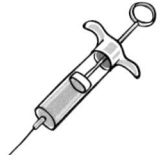

прививка

vaksinasi

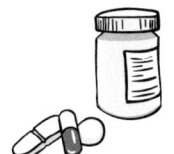

таблетки

tablet

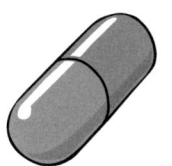

противозачаточная
таблетка

pil

экстренный вызов

nomer telpon darurat

прибор для измерения
кровяного давления

ngukur tensi getih

больной / здоровый

lara / waras

Помогите!

Tulung!

сигнал тревоги

alarem

нападение

sergap

атака

serangan

опасность

bebaya

запасной выход

lawang metu dharurat

Пожар!

Kobongan!

огнетушитель

alat mateni geni

несчастный случай

kacilakan

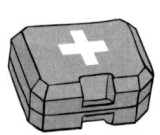

аптечка

pitulungan wiwitan

SOS

SOS

милиция

polisi

Европа

Eropa

Северная Америка

Amerika Lor

Южная Америка

Amerika Kidul

Африка

Afrika

Азия

Asia

Австралия

Australia

Атлантический океан

Atlantik

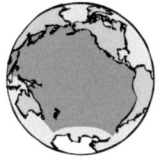

Тихий океан

Pasifik

Индийский океан

Samudra Hindia

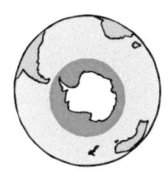

Антарктический океан

Samudra Antartika

Северный Ледовитый океан

Samudra Arktik

Северный полюс

Kutub Lor

Южный полюс

Kutup Kidul

Антарктика

Antarktika

земля

bumi

суша

daratan

море

segara

остров

pulau

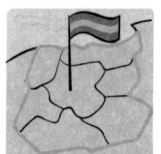

нация

bangsa

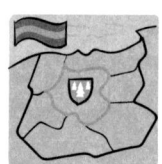

государство

negara

циферблат

layar jam

часовая стрелка

dom jam

минутная стрелка

dom menit

секундная стрелка

dom detik

Который час?

Jam piro saiki?

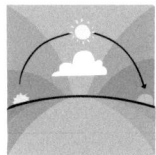

день

dina

время

wektu

сейчас

saiki

электронные часы

jam digital

минута

menit

час

jam

неделя

minggu

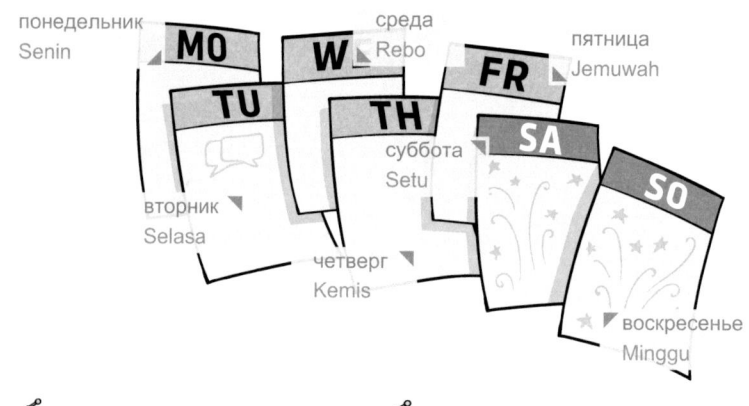

понедельник
Senin

среда
Rebo

пятница
Jemuwah

вторник
Selasa

четверг
Kemis

суббота
Setu

воскресенье
Minggu

вчера

wingi

сегодня

saiki

завтра

sesuk

утро

esuk

полдень

awan

вечер

bengi

MO	TU	WE	TH	FR	SA	SU
1	2	3	4	5	6	7
8	9	10	11	12	13	14
15	16	17	18	19	20	21
22	23	24	25	26	27	28
29	30	31	1	2	3	4

рабочие дни

dina kerja

MO	TU	WE	TH	FR	SA	SU
1	2	3	4	5	6	7
8	9	10	11	12	13	14
15	16	17	18	19	20	21
22	23	24	25	26	27	28
29	30	31	1	2	3	4

выходные

akhir minggu

дождь
udan es

радуга
kluwung

снег
salju

ветер
angin

осень
mangsa gugur

весна
musim semi

лето
musim ketigo

зима
mangsa adem

4.APRIL	11°	☀
5.APRIL	4°	☁
6.APRIL	13°	☂
7.APRIL	8°	❄
8.APRIL	10°	☀

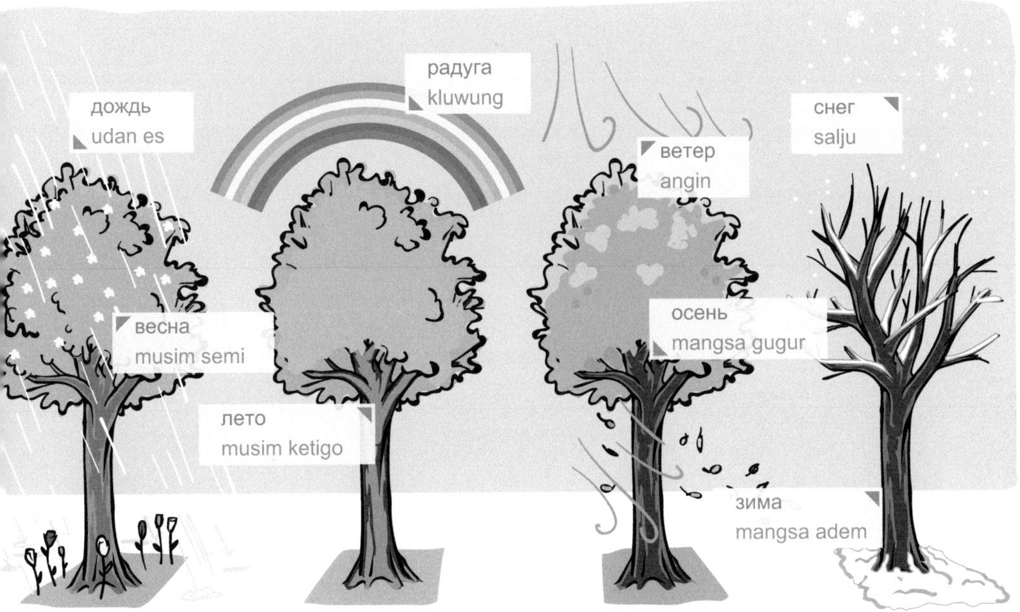

прогноз погоды

ramalan cuaca

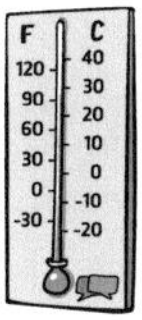

термометр

termometer

солнечный свет

srengenge

туча

mendhung

туман

kabut

влажность воздуха

kelembapan

молния

kilat

гром

bledheg

буря

badai

град

udan es

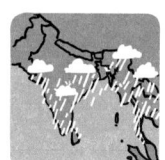

муссон

muson

наводнение

banjir

лёд

es

январь

Januari

февраль

Februari

март

Maret

апрель

April

май

Mei

июнь

Juni

июль

Juli

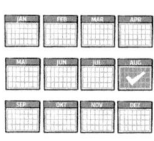

август

Agustus

сентябрь

September

октябрь

Oktober

ноябрь

Nopember

декабрь

Desember

формы
wangun

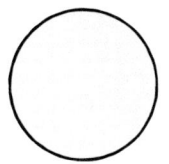

круг

bunder

квадрат

kuadrat

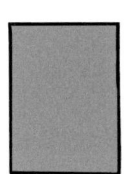

прямоугольник

segi papat

треугольник

segi telu

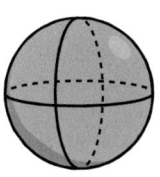

шар

bal

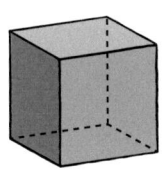

куб

kubus

цвета

warna

белый
putih

желтый
kuning

оранжевый
oranye

розовый
jambon

красный
abang

лиловый
ungu

синий
biru

зелёный
ijo

коричневый
coklat

серый
abu-abu

черный
ireng

много / мало

akeh / sithik

яростный / мирный

nesu / kalem

красивый / уродливый

ayu / elek

начало / конец

pawitan / pungkasan

большой / маленький

gede / cilik

светлый / темный

padhang / peteng

брат / сестра

sedulur lanang / sedulur wadon

чистый / грязный

resik / reged

полный / неполный

pepak / ora pepak

день / ночь

awan / bengi

мёртвый / живой

mati / urip

широкий / узкий

jembar / sempit

съедобный / несъедобный

iso dipangan / ora iso dipangan

злой / дружелюбный

ala / becik

взволнованный / скучающий

seneng / bosen

толстый / худой

lemu / kuru

сначала / в конце

pisanan / pungkasan

друг / враг

kanca / musuh

полный / пустой

kebak / kosong

твёрдый / мягкий

atos / empuk

тяжёлый / легкий

abot / enteng

голод / жажда

luwe / wareg

больной / здоровый

lara / waras

незаконный / законный

illegal / legal

умный / глупый

pinter / bodo

слева / справа

kiwa / tengen

близко / далеко

cedhak / adoh

новый / подержанный

anyar / lawas

ничто / нечто

ora ana / ana

старый / молодой

tuwa / enom

включено / выключено

urip / mati

открыто / закрыто

buka / tutup

тихо / громко

anteng / rame

богатый / бедный

sugeh / mlarat

правильный /
неправильный
bener / salah

шероховатый / гладкий

kasar / alus

печальный / счастливый

susah / seneng

короткий / длинный

cendhak / dawa

медленный / быстрый

alon / banter

мокрый / сухой

teles / garing

тёплый / прохладный

anget / adem

война / мир

perang / tentrem

0

ноль

nol

1

один

siji

2

два

loro

3

три

telu

4

четыре

papat

5

пять

limo

6

шесть

enem

7

семь

pitu

8

восемь

wolu

9

девять

songo

10

десять

sepuluh

11

одиннадцать

sewelas

12

двенадцать

rolas

13

тринадцать

telulas

14

четырнадцать

patbelas

15

пятнадцать

limolas

16

шестнадцать

nembelas

17

семнадцать

pitulas

18

восемнадцать

wolulas

19

девятнадцать

songolas

20

двадцать

rong puluh

100

сто

satus

1.000

тысяча

sewu

1.000.000

миллион

sak yuto

английский

basa Inggris

американский английский

basa Inggris Amerika

мандаринский китайский

basa Cina Mandarin

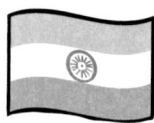

хинди

basa Hindi

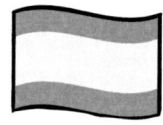

испанский

basa Spanyol

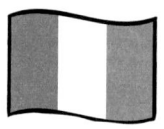

французский

basa Prancis

арабский

basa Arab

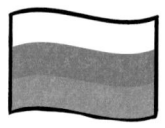

русский

basa Rusia

португальский

basa Portugis

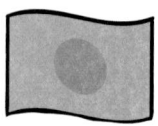

бенгальский

basa Bengali

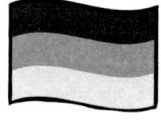

немецкий

basa Jerman

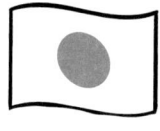

японский

basa Jepang

я

aku

ты

kowe

он / она / оно

dheweke

мы

kita

вы

kowe kabeh

они

dheweke kabeh

кто?

sapa?

что?

apa?

как?

piye?

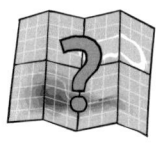

где?

neng endi?

когда?

kapan?

имя

jeneng

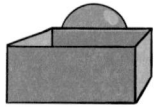

за
....
mburi

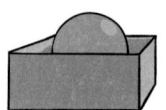

в
....
ing jero

перед
....
ing ngarep

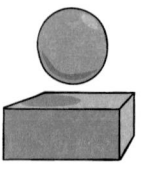

над
....
ing dhuwure

на
....
ing

под
....
ing ngisore

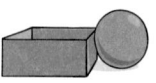

рядом
....
sisih

между
....
antarane

место
....
panggonan